Di lo que quieres decir
2020

En memoria de Maite Ramos Ortiz

Antología de siglemas 575

Di lo que quieres decir 2020

Antología de siglemas 575

En memoria de Maite Ramos Ortíz

Patricia Schaefer Röder, Editora

Colección Carey

Ediciones Scriba NYC

Di lo que quieres decir 2020 – Antología de siglemas 575
Patricia Schaefer Röder, Editora
© 2020 PSR
Ediciones Scriba NYC
Colección Carey – Poesía

Fotografía y arte de portada: Jorge Muñoz
© Ediciones Scriba NYC, 2020

siglema575.blogspot.com

Impresión: Kindle Direct Publishing

ISBN: 9781732676787

Scriba NYC
Soluciones Lingüísticas Integradas
26 Carr. 833, Suite 816
Guaynabo, Puerto Rico 00971
+1 787 2873728
scribanyc.com

Noviembre 2020

"Alarma urgente
otra catástrofe más
nos ha golpeado.
...
Impulso innato
alimento y abrigo
solidaridad.
...
Ondas de vida
abrazan fuertemente
desde el corazón".

Patricia Schaefer Röder
"AUXILIO"

CONTENIDO

PRÓLOGO

No hay duda de que el año 2020 está dejando marcas indelebles en nuestras almas, nuestros cuerpos, nuestras vidas y nuestros pueblos. El confinamiento al que estamos sujetos por la pandemia del covid-19 ha hecho mella en el devenir diario. De pronto, pasamos la mayor parte de nuestro tiempo en casa, y así, hemos buscado nuevos medios para comunicarnos y expresar nuestras necesidades, humor, sentimientos y deseos a los demás. Por suerte contamos con supermedios como el Internet, pero paradójicamente, los mismos nos conducen a expresar de manera condensada y abreviada todo aquello que es relevante, según la máxima de que la sencillez es la autopista de la comunicación.

Cuando contamos las cosas de manera bella, hacemos poesía. La poesía nació al inicio de la historia y existirá hasta el último instante de la humanidad. Dentro de la poesía, la corriente minimalista nos lleva a deshacernos de todo lo superfluo e ir directamente al grano de lo que queremos expresar. El *siglema 575* surge en medio de la tendencia universal actual que nos hace fijarnos en lo que de verdad importa; se gesta como una nueva forma poética minimalista que se basa en la premisa de que "todo se originó de un punto, y todo puede reducirse a un punto".

Un siglema 575 es un poema que se escribe en base a las letras de la palabra o palabras que definen su tema y que constituyen su título, que queda representado en mayúsculas, como un acrónimo. Cada estrofa posee tres versos, de los cuales la primera palabra del primero debe comenzar con la letra correspondiente a la sigla que le toca. La métrica es 5-7-5, con rima libre. Por su naturaleza acrónima, cada estrofa debe constituir una idea cerrada y terminar en punto, para así funcionar independientemente como un poema autónomo que trate el tema en cuestión, y en conjunto, como parte de un poema de varias estrofas que gire alrededor del mismo tema. En un siglema 575 hay tantas estrofas como letras posea el título. El siglema 575 es de métrica breve y cuenta con reglas sencillas para su construcción; permite usar la métrica natural o las licencias poéticas si se desea. Al ser de temática y rima libres, le confiere al poeta todo el poder creador y conceptualizador desde el mismo título del poema. Si se siguen las reglas correctamente, el siglema 575 puede ser el primer paso en el descubrimiento de la poesía como una importante forma de expresión.

Como ya es costumbre, en el mes de enero de 2020, Scriba NYC Soluciones Lingüísticas Integradas convocó al 6to. Certamen Internacional de Siglema 575 "Di lo que quieres decir" 2020, siguiendo el gran éxito obtenido en las ediciones anteriores del mismo desde 2015. Este año, el certamen contó con poetas de veintiún países de América, Europa y Asia, que enviaron 435 participaciones sobre diversos temas. El jurado estuvo formado por cuatro personalidades de la letras de tres países: Federico Jiménez (México), ganador del primer premio del 5to. Certamen Internacional de Siglema 575 "Di lo que quieres decir" 2019, Maestro en Lingüística Aplicada y Profesor de Lengua y Literatura de la Universidad de Guadalajara, autor del poemario *La ves y no la crees: Poesía visual a dos manos;* Willmarie Lebrón (Puerto Rico), gestora cultural, poeta y escritora, autora del poemario *Fracciones del silencio*; Melissa Díaz Campos (Estados Unidos), M.A. en Liderazgo en Enseñanza y Aprendizaje, maestra de español, autora del poemario *Me encontré contigo y te escribí*; y Eduardo Bobrén-Bisbal (Puerto Rico), Maestro en Artes en Educación, escritor y poeta concentrado en poesía hispana y tradicional japonesa, autor del poemario *Tiempo de amar*. Ellos consideraron los siglemas 575 participantes en cuanto a su lírica, minimalismo, conceptualización del tema en cada estrofa e integración de todas las estrofas en un poema que plasme el tema de inspiración.

El primer premio lo obtuvo HUMANIDAD FRÁGIL KM^2, de Enmanuel Colmenares (Venezuela); segundo premio DISTANCIA, de Yajaira Álvarez

(Venezuela); tercer premio NO ME OCULTES EL CIELO, de Frank Lugo (Puerto Rico). Las menciones honoríficas recayeron en NOCHE EN EL PARQUE, de Néstor Quadri (Argentina); CONFINAMIENTO, de Isabel Hermosillo Martínez (México); NOSTALGIA, de Mario Gamboa Araya (Costa Rica); AGUA, de Francisco Pagán Oliveras (EE.UU.); DI LO QUE QUIERES DECIR, de Edwin Colón Pagán (Puerto Rico); PEZ, de Octavio Ricardo Hernández (México) y SILUETA, de Nomar Borrero (Puerto Rico).

Di lo que quieres decir 2020 recoge los siglemas 575 premiados, así como una selección de los más destacados en el certamen. La pandemia de covid-19, la distancia, el tiempo, la fe, la familia, la vida y el amor fueron temas universales descritos por un gran número de poetas en este evento internacional. Asimismo, la nostalgia, los migrantes, la guerra, la naturaleza, la luz, el espejo e incluso el olor a tierra mojada, entre muchas otras estampas, quedaron plasmados a través de esta forma poética bella, esencial y minimalista.

Dedicamos esta edición del certamen de siglema 575 a la memoria de nuestra querida escritora y poeta puertorriqueña, la Dra. Maite Ramos Ortiz, apasionada de las letras y gran entusiasta del siglema 575, quien falleció a principios de enero luego de una larga batalla por su salud. Maite fue una mujer maravillosa y la recordamos con gran cariño; este es nuestro humilde homenaje en su honor.

Scriba NYC Soluciones Lingüísticas Integradas agradece la concurrencia de los participantes en este encuentro y felicita a los poetas premiados, así como a todos los concursantes, por haber aceptado el reto poético del siglema 575, atreviéndose a *decir lo que quieren decir.*

Patricia Schaefer Röder, Editora

—

MAITE RAMOS ORTIZ
*1969 – † 2020

Encantadora, de mirada alegre y trato amable, dueña de una hermosa sonrisa y muy creativa, la Dra. Maite Ramos Ortiz fue una profesora, escritora y poeta puertorriqueña cuya temprana partida ha dejado un gran vacío en los corazones de quienes la conocimos. Maite poseía múltiples habilidades manuales y literarias; su vida profesional estuvo íntimamente ligada a la Universidad de Puerto Rico, Recinto de Río Piedras, donde durante 33 años se desarrolló como estudiante, empleada, educadora y su defensora.

Maite amó la literatura, la traducción y las lenguas, y lo demostró de muchas maneras diferentes. Tenía un profundo dominio del español y el inglés, y un gran conocimiento de francés, portugués, italiano y latín. Publicó artículos especializados en literatura en revistas nacionales e internacionales, además de dar muchas presentaciones, ponencias y talleres, entre otros, en Túnez, en la Universidad de Texas y en Queens College en Nueva York. Fue jurado en certámenes literarios y organizó múltiples actividades literarias.

En 2018, Maite publicó su colección de cuentos *Ojos llenos de arena*. También participó en diversas antologías como *Crónicas del huracán María* y *Di lo que quieres decir 2016 y 2019*. Desde 2013 a 2018 fue merecedora de 11 premios literarios, entre ellos el Tercer premio en el *12mo. Certamen Nacional de Poesía José Gautier Benítez "Nombre al pensamiento grato"*, del Municipio de Caguas y el Segundo premio en la categoría de cuento/comunidad en el *XXIII Certamen Literario de Poesía, Cuento y Ensayo de la Universidad Politécnica de Puerto Rico*.

Además de todo esto, Maite fue una entusiasta del siglema 575. Así, el 6to. Certamen Internacional de Siglema 575 "Di lo que quieres decir" 2020 va dedicado a su memoria con un abrazo eterno.

18

Maite Ramos Ortiz
Puerto Rico

TEMPO

Tictac, tictoc.
Suena tu paso cierto
e inexorable.

Escapas lento
o raudo. ¡No importa!
Andas sin pausa.

Mas alcanzarte
no puedo; vano empeño
torpe ilusión.

Por favor, frena;
alarga los minutos
y los segundos.

Otra vez pido
que las horas no vuelen
para la risa.

*Publicado en la antología *Di lo que quieres decir 2016*

SIGLEMAS 575
PREMIADOS

PRIMER PREMIO

Enmanuel Colmenares Arandia
Venezuela

HUMANIDAD FRÁGIL KM^2

He percibido
la frágil humanidad
en mapamundi.

Un virus quebró
la respiración dentro
las coordenadas.

Mientras tanto yo
me refugio con tinta
en cuarentena.

Además noto
unas fosas comunes
por noticiero.

Nunca derramé
tantas lágrimas tristes
sobre mis hojas.

Intento plasmar
la languidez que somos
con un escrito.

De ahí que lloro
por vivir presurosos
como los rayos.

Aquí y lejos
suben los contagiados
como los muertos.

Después de todo
Dios es un clamar de mí
a geografía.

Frágil el cuerpo
intensa la súplica
desde los truenos.

Recular tiempo
es un avanzar hasta
Apocalipsis.

Ágil y veloz
la Covid-Diecinueve
en el planeta.

Gemidos penan:
pandemia contra dolor
es la longitud.

Invitad ruegos
médicos, enfermeras
con fe resisten.

Lo vulnerable
y mis letras descienden
como diluvios.

Kilómetros de
tormentos sobrelleva
linaje mío.

Metro por metro
asirse perdurables
y no fugaces.

[2] mil veinte es
sacudida del cielo
papel mojado.

———

22

SEGUNDO PREMIO

Yajaira Álvarez
Venezuela

DISTANCIA

Días solares
la niña de fábulas
rompe tu nombre.

Ilesas canas
reúnen girasoles
del primer beso.

Si el hijo peina
cabellos de la madre
olvida exilios.

Tangible línea
tronchan dos almas firmes
su amor ondean.

Al abismo caes
frente a esta foto vieja
de amigo sol.

Nube de fina
alma, doblan tus pies
en mucho suelo.

Coronavirus
que ovulas muerte ciega
serás olvido.

Intacto sueño
ciñe mi amor a tu isla
mi Puerto Rico.

Abre las manos
del corazón el mundo
y hunde tus voces.

Frank Lugo
Puerto Rico

<u>NO ME OCULTES EL CIELO</u>

Navegaremos
el desierto gratuito
semiestrellado.

Ocuparemos
tiempos ajenos, cuerpos
ojos nocturnos.

Manejaremos
bajo nubes de fuego
la ciega barca.

Entregaremos
nuestra piel, nuestros hijos
anhelando el sol.

Olvidaremos
dormir a luna abierta
aurora es otra.

Caminaremos
sin interrogaciones
basta la tarde.

Ulularemos
la humanidad perdida
fieras sin aire.

Lamentaremos
combustible olvidado
tras la tormenta.

Toleraremos
traducir el ocaso
en arcoíris.

Escucharemos
abrir puertas con alas
a otro balcón.

Señalaremos
a los extraterrestres
de la embarcación.

Escalaremos
entre las sombras tibias
otro amanecer.

Levantaremos
testigos a la luna
llena tu balcón.

Celebraremos
el niño en las alturas
ara el corazón.

Iniciaremos
la cuerda travesía
en reverencia.

Extrañaremos
el adiós y el olvido
la puerta estrecha.

Levantaremos
cestas a muchedumbres
se abren los puertos.

Observaremos
libre sol, tierra firme
surcos abiertos.

—

MENCIONES
HONORÍFICAS

MENCIÓN DE HONOR

Néstor Quadri
Argentina

NOCHE EN EL PARQUE

Noche se esconde
cuando el sol del ocaso
alumbra el parque.

Obnubiladas
las aves en tinieblas
vuelan a nidos.

Cantan los grillos
y su eco con las flores
aroma el parque.

Hay en la noche
luciérnagas con luces
intermitentes.

El parque oscuro
ve asomarse la luna
y amor presiente.

En cita eterna
se encuentran en la noche
luna y amores.

No eran farolas
esas luces lejanas
eran estrellas.

Entre las sombras
el chasquido de un beso
rompe el silencio.

La luna llena
alumbra en el sendero
a enamorados.

Poeta es viejo
pero la luna es joven
y lo subyuga.

Amor furtivo
en el claro de luna
no era inspirado.

Rimando versos
va pasando en el parque
la larga noche.

Quiere el poeta
que la luna en la noche
no lo abandone.

Unas estrellas
titilan despidiendo
al cielo oscuro.

El nuevo día
tiene un sol escondido
tras unas nubes.

Isabel Hermosillo Martínez
México

CONFINAMIENTO

Contemplo atenta
sin notar cambio alguno
sobre mi rostro.

Observo asidua
calles y firmamentos;
suspiro adentro.

Nado en el cielo
entre arrecifes blancos...
¿Pecera o mundo?

Final, comienzo;
Noche y día, lo mismo:
sueño despierta.

Invoco a Orfeo
Para sedar mi ansia...
¡Mirad afuera!

Nombro la vida...
Pero ¿cómo sentirla
siendo cautiva?

Andariega fui
me acompañan mis pasos
como recuerdos.

Miro ventanas...
¡Salgo dejando el cuerpo!
¿Siempre tuve alas?

Incrédula estoy
Ante el descubrimiento...
¡Jaula sin barras!

Exhalo lento
Y para mis adentros...
¿Me he ido lejos?

No miro atrás
ni delante: ¡existo!
¡Y en todas partes!

Tiempo sin pausa;
reloj sin manecilla
¿con o sin jaula...?

Observo otra vez:
¿Estuve atrapada, o...?
¡libre entre el viento!

MENCIÓN DE HONOR

Mario Gamboa Araya
Costa Rica

<u>NOSTALGIA</u>

No hay camino
que me lleve de vuelta
a tu recuerdo.

Otrora vida
ahora espejismo
en invierno.

Susurro azul
en el oído tibio
del atardecer.

Tiempo perdido
en el limbo oscuro
de la ausencia.

Analogía
del viajero errante
buscando el sol.

Lirios en tumbas
de estrellas fugaces
y epitafios.

Garras del reloj
que arañan paredes
y almohadas.

Intelectuales
buscando teoremas
en caras falsas.

A la distancia
el frío mensajero
de tu pasado.

———

MENCIÓN DE HONOR

Francisco Pagán Oliveras
Estados Unidos

AGUA

Antes que nada
eras tú (y tu forma)
pintando cielos.

Girando lenta
o veloz entre estrellas
de otros tiempos.

Unida al fuego
por el ombligo oscuro
de algún destello...

Antes que nada
imitando tu forma
fueron los cielos.

Edwin Colón Pagán
Puerto Rico

DI LO QUE QUIERES DECIR

Deslumbra mi ser
un cinco, siete, cinco
de madrugada.

Invoco el tema
verbos radiantes entran
por el tragaluz.

La superluna
se cuela desde el cielo
inspira mi alma.

Ondas de luz
escoltan las palabras
hasta la cama.

Quinqué lunar
refleja las mayúsculas
en las sábanas.

Un título alfa
forma letra a letra
la constelación.

Enredaderas
de luceros acunan
las rimas blancas.

Quiero planetas
y emociones en órbita
sobre mi trova.

Unir estrofas
ser la canción de cuna

lluvia de estrellas.

Imanta nanas
mi aurora boreal
de poesías.

Estelar parto
claros de luna mecen
la breve métrica.

Rayos de leche
lactan mis líricas en
la Vía Láctea.

Emiten halos
las vivas imágenes
de los tres versos.

Soy un cometa
de coplas que sella el
negro agujero.

Di lo que quieres
decir ¡a viva voz!
frente al espejo.

Embiste al toro
con tu mejor sonrisa
juicio o poema.

Crea atajos
al pie de las verdades
y las leyendas.

Imita al viento
enarbola tu acrónimo
como bandera.

Revolotean...
las letras capitales
en mi siglema.

MENCIÓN DE HONOR

Octavio Ricardo Hernández
México

PEZ

Pero nada es
solamente agua, sed
roca inmóvil.

Esperanzado
imagen de aire
corazón suelto.

Zarpa tu nombre
espumosa luz coral
del mediodía.

MENCIÓN DE HONOR

Nomar Borrero
Puerto Rico

SILUETA

Sin querer miré
tropecé con tu cuerpo
con tus líneas.

Inhalé tu piel
tu aroma abrumante
tu néctar carnal.

La danza lunar
reflejada en tus pechos
mojando ecos.

Una lágrima
se pierde en tu vientre
nadando mares.

Encuentras manos
donde jamás sentiste;
ásperas, suaves.

Te tuerces, gimes
tu abdomen se contrae
llueve un río.

A luz de llamas
aún duermes en mis brazos
alba, ocaso.

SIGLEMAS 575
DESTACADOS

Edward Álvarez Yucra
Perú

CELAJE

Cesa disuelto
el día derramado
sobre las nubes.

En la llanura
se inflama de tarde
la eternidad.

Las soledades
rodean la silueta
del habitante.

Animal mudo
los nimbos y los rayos
surcan tus ojos.

Jilgueros cantan
por los ecos del árbol
descolorido.

Entona la flor
las palabras perdidas
sobre el lienzo.

Ricardo Nanjari Román
Chile

VIOLA

Violeta Parra
tocando la guitarra
una es su pena.

Incansable va
por los campos floridos
sembrando notas.

Oscura tarde
te llevará muy lejos
Mi-La-Re-Sol-Si.

La muerte llama
nos roba los segundos
abandonados.

A veces nuestra
por siempre olvidada
deuda de todos.

María Moreno
España

AUSENCIA

Amarillean
las hojas del castaño.
Cubren la tierra.

Una palabra
para fingir consuelo
sobre la almohada.

Sé que no basta
seguir tendiendo puentes
quemando naves.

Entretenida
para no darme cuenta
de lo que acaba.

No queda nadie
para mirar la lluvia
junto al castaño.

Ceremonioso
sin memoria ni herida
tan solitario.

Irse deprisa
para huir de la ausencia
no es el remedio.

Alborotada
tu ausencia me persigue
como una sombra.

Rubén Portilla Barrera
Colombia

POETAS

Pablo Neruda
sus poemas de amor
¡son un encanto!

¡Oh! Rubén Darío
y su poema "Azul"
versos de santo.

Ercilla luchó
"La Araucana" narró
heroicos cantos.

Tejiendo versos
Poe tejió "El Cuervo"
en un quebranto.

Amado Nervo
sus poemas del alma
¡sin desencantos!

¡Son los poetas
quienes endulzan rimas
cuando hay llanto!

Madeline Santos Zapata
Puerto Rico

AURORA

Arco y saetas
surcan bohemias noches
acallan sueños.

Ungida Venus
mengua tu ufano brillo
el alba virgen.

Reales púrpuras
tiñen la bóveda azul
canta la vida.

Oriente eterno
pregonas convencido
mejor porvenir.

Rocío quieto
besas los cansados pies
de los viajeros.

¡Amanece al fin!
En tus brazos descanso
mueren las sombras.

Berenice González Godínez
México

CORAZÓN

Cada latido
de silencio dibuja
mapas sin nombre.

Oscuro espacio
dividido en estantes
de amor perdido.

Raíces libres
de cariño hoy transportan
mi sangre viva.

Arterias cálidas
conducen sentimientos
como respiros.

Zona de alerta
donde guardo el color
de las palabras.

Olvido algunas
porque mi corazón
no es rencoroso.

Naturaleza
que palpita en el pecho
en ciclo eterno.

SIGLEMAS 575
SELECCIONADOS

Carlos de la Cruz Suárez

México

PIEL

Puedo perderme
entre la locura de
tu piel mojada.

Incitando el
clamor de tu interior
sobre sábanas.

Eres poema
que descifro en Braille
en madrugadas.

Lienzo tatuado
de besos profanado
por el deseo.

Juan Fran Núñez Parreño
España

TORMENTA

Truenos y rayos
anuncian su llegada
primeras gotas.

Ondea fuerte
los árboles y ramas
a su capricho.

Rayos que ciegan
resplandores de fuego
miedo en el cielo.

Mana del cielo
agua con mucha furia
lo inunda todo.

El cielo grita
su voz retumba fuerte
truenos que asustan.

No deja el agua
de golpear cristales
como campanas.

Tanta agua cae
que las gotas son voces
haciendo un coro.

Al terminar
el aguacero deja
paz y frescura.

—

Santiago Ernesto Müller
Argentina

GUERRAS

Grises presagios
silencian la esperanza.
Asoma el odio.

Urge el rencor
expandir su simiente
sobre la tierra.

Elevan alas
las aves de rapiña
y desesperan.

Rezan las madres
ansiosas del consuelo
que se posterga.

Ríos de sangre
desbordan de su cauce
hacia la nada.

Abren sus fauces
las serpientes rastreras
saben y esperan.

Sobre la tierra
imponen sus gruñidos
los animales.

Edwin Gaona Salinas
Ecuador

CAMINO AL FINAL

Como se abrevia
la vida de los pasos
me abrevio yo.

A las tormentas
voy con las alas tristes
por no subir.

Mientras me lloro
con frágiles rocíos
calman los vientos.

Invoco luz
para ser la esperanza
de mi destino.

Nada me lleva
a las nubes del sueño
desaparezco.

Otra vez muero
colmado de silencio
todo profano.

Antes del lloro
tendré mis culpas listas
para abrazarlas.

Les pondré lunas
esas miradas íntimas
de noche nuestra.

Forjaré en flores
el olor de la vida
por recordarte.

Ilusionado
de tener tus recuerdos
iré con rosas.

Nada me llevo
nada de noches tiernas
ni del silencio.

Al tercer día
cuando todo se calme
parará el llanto.

Luego del sol
vendrán lejanas noches
con fin de nube

Ricardo Arasil
Uruguay

HOMBRE

Hombre es el nombre
que diste al que creaste
a molde y barro.

O que quisiste
hacerlo semejante
a esa tu imagen.

Más no pensaste
que la maldad pudiera
ser su constante.

Bendito seas
Señor tan poderoso
¡purifícalo!

Revierte el sino
de sus tantos pecados
dale el perdón.

El que tú das
y él tanto necesita
Amén, Señor.

Álvaro Ortegón
Colombia

FE

Fecunda liana
de lenta en viento raudo
asciende al Sol.

Éter del alma
en tu clamor sereno
avivas Luz.

Celia Karina San Felipe
Estados Unidos

AGUA

Agua rival del
fuego, que carcome a
todo el queso.

Garganta voraz
entre tus piernas tengo
cottage y *blue*.

Unes dos cuevas
de Rata Lesbiana en
cada proeza.

Aguas de flores
especies y olores
penetrándote.

Sebastián Villa Medina
Colombia

SER

Sol deslumbrante
que en el cielo brillas
y me das calor.

Escarabajo
que vuelas por mi jardín
espectacular.

Resto del día
que muy rápido se va
del firmamento.

Fernando Barba Hermosillo
México

FORTUNA

¡Fuera máscaras!
Todos han deseado
nos dé la mano.

Ocasión dada
su justicia decida
caen los dados.

Rueda que gira
¡detente en la cima!
Fortuna brevis.

Timón de nave
buen puerto deriva
ramo de laurel.

Última deidad
difícil de atrapar
culto personal.

¡No me digas más!
Que no hay casualidad
caprichosa es.

A mí llegando
bienvenida riqueza.
¡Pon la máscara!

José Carlos López Otero
Puerto Rico

NATURAL

No te ocultes
tras una vil fachada
para encajar.

Aleja el mal
en nombre de ajenas
expectativas.

Ten confianza
en quien de verdad eres
nunca te dudes.

Urge que sientas
que eres suficiente
no hay qué probar.

Reluce sobria
firme y coherente
vida valiente.

A veces duele
enfrentar no ocultar
superar traumas.

Larga espera
previo a poder vivir
en paz contigo.

Rosario Díaz Ramírez
Perú

SHALOM

Salud deseo
sol radiante de vida
bienestar siempre.

Humildad pura
ante todo ser vivo
cada mañana.

Amor eterno
bondad montaña roca
besos de rosa.

Luces irradia
el espíritu canto
de primavera.

Oración de paz
al despertar ve alba
flor anochecer.

Misericordia
a los pobres te pido
en tu corazón.

Sandra Soler
Argentina

VIEJA

Vienen los años
sin piedad me descuentan
lo que a mí traen.

Inmutables son
me llaman de mal modo
paradigma soy.

Encuentro arduo
salir de la espiral
la vorágine.

Jamás ganaré
la carrera arreglada es
envejeciendo.

Al fin me rindo
ante el gran tribunal
sin más lamentos.

Marlon Pava Niebles
Colombia

INOCENCIA

Incauto chico
has de cuidar tu andar
para no sufrir.

No des tu amor
y esconde tu alma
en aquel rincón.

Óyelos mentir
e incluso si dudas
no creas nada.

Cenarán juntos
enterrarán los muertos
lágrimas y más.

En la mañana
te llamarán familia
vacíamente.

Noche oscura
revela ya sus rostros
la podredumbre.

Cosecha todo
pues no llevas su sangre
joven humano.

Ignora el mal
y cuando sea tiempo
corre, huye, tú.

Aguarda por luz
ligera existencia
pureza mía.

—

Bella Martínez
Puerto Rico

MÓNICA

Mónica bella
como la vida misma
que disfrutabas.

Óptimamente
en tu entorno familiar
estás hoy día.

Nada predijo
ni se vio indicativo
de tu asesina.

Inocente fue
maravillosa y pura
tu forma de amar.

Carmen maldita
capaz de asesinarte
a ti, su esposa.

Alma humanista
no te lo imaginaste
ni lo temiste.

Fernando Chávez
México

JARAS

Junté mi fuerza
y tirando a matar
borré, olvidé.

Al aire flechas
adiós torpes amores
no hay rencores.

Rugen al viento
todos estos dolores.
¡Paren la guerra!

Ansiedad esta.
¿Cuánto tiempo serás?
Hagamos la paz.

Somos las jaras
que volando al viento
queremos triunfar.

Miguel Ángel Real
Francia

TIEMPO

Tierra, o polvo
en mis zapatos tristes
descaminados.

Ira que borra
rastro en los gestos: plazas
desdibujadas.

El ser se aleja
anegando raíces
desmemoriado.

Música o agua
no repiten ni vuelven:
desbocan siempre.

Pequeñas muertes:
es un juego el olvido
desembocado.

Ojos que ignoran
los aluviones grises
desesperados.

María del Refugio Sandoval Olivas
México

EMOCIONES

Emprendimiento
de mejorar mis actos
y pensamientos.

Magia de cambio
es parte de mi hacer
dentro y fuera.

Obra maestra
en reconstrucción, está
día a día.

Capaz de amar
expando horizontes
de esperanzas.

Imaginando
trazando los senderos
con utopía.

Observo la luz
¡fulgor incandescente!
Chispas divinas.

Nunca me rindo
ante la adversidad
frente al miedo.

Edificante
me levanto, construyo
derribo muros.

Soy fortaleza
voy en pos de mí mismo.
¿Meta? ¡Ser feliz!

—

Juan Franco Martínez
España

TORTURA

Tan fuerte, fuerte
golpea con sus puños
hiriendo el alma.

Oyes el grito
rasgando la historia
sin sangre ni eco.

Rompe los huesos
y toda dignidad
ni un estertor.

Tiembla el cielo
de dolor, de dolor
lloviendo fuego.

Una mentira
cubre los alaridos
del sacrilegio.

Rabia y odio
deleite infernal
lluvia de palos.

Agonizando
bajo la ira de Dios
a latigazos.

Elba Graciela Vargas
Uruguay

LLUEVE

Llanto del cielo
en mansedumbre riega
la sed terrena.

Lejos, los truenos
un gran concierto tienen
turban quietud.

Ulula el viento
inquieta las ventanas
sacude puertas.

Encrespa miedo
haciendo nido la piel
se teje el temor.

Vela la noche
muy negra, tan famélica
de miedos cena.

Entre descargas
rayo parte quietud
noche silente.

Almina Muñoz Cedeño
Puerto Rico

AROMA

Arde mi cuerpo
cuando siento tu olor
cercano a mí.

Respiro hondo
y lleno mis pulmones
con tu fragancia.

Oh, qué delicia
disfrutar a plenitud
este momento.

Mi alma es
como la de un niño
con un juguete.

Amo tu olor
siempre está presente
en mi corazón.

Blanca Padilla de Otero
Estados Unidos

SIGLEMA 575

Simple mi verso
escribo pensamientos
para yo sanar.

Inspira vida
palabras escogidas
salen a volar.

Gesta la musa
semilla en la mente
luz al caminar.

La poesía
es bálsamo de amor
vida, pasión, paz.

Exquisita da
llovizna de palabras
rocío fugaz.

Minimalista
libertad creadora
llega al azar.

Abraza, sueñas
conjunto de palabras
es verbo, es voz.

Cinco sílabas
sentimiento sencillo
sublime, bello.

Siete fonemas
son partes del poema
¡espectacular!

Cinco sonidos
completan el trabajo
para recitar.

Sheina Lee Leoni Handel
Uruguay

DIOSES

Di que me amas
libera el secreto
consigue alas.

Ilusos sueños
narrará tu mirada
con sentimientos.

Oír el alba
vestida de jilgueros
paz que nos habla.

Simples anhelos
encienden la mañana
claman mis besos.

Estrella clara
prende el firmamento
suave te llama.

Suenan tus dedos
mi cuerpo es guitarra
late sin miedo.

Keibel Portillo Abreu
Venezuela

ESTUVE

En algún lugar
se juntarán mis versos
y tu futuro.

Sobre la noche
descompongo tu risa
y las estrellas.

Todas ellas son
fragmentos de tu mirar
y mi cielo son.

Uno y eterno
trozo de magia pura
voz que retumba.

Verbo que nace
al conjugarse amor
en la historia.

Exactamente
podré decir: estuve
si tú me lees.

Frances Ruiz Deliz
Puerto Rico

ESCOMBROS

En la vitrina
Macondo y la isla
la misma cosa.

Siembran las sobras
arte contemporáneo
colonizado.

Construyéndose
miles de manos juntas
cosechan vida.

Obra maestra
la fuerza indomable
de voluntades.

Multitudes van
pintando latitudes
rompiendo bordes.

Buscando puertas
anarquía en orden
abren un pueblo.

Rasga el cincel
la piedra imaginaria
insularista.

Ostenta aire
de escultura nueva
el proletario.

Sobra el burdo
el torpe extranjero
enajenado.

Ilsa López Vallés

Puerto Rico

SOL

Sales del vientre
busco tu rostro feliz
te cubro de mí.

Oigo tu cantar
rompiendo los silencios
¡Por fin, soy madre!

Lumière de mi ser
tangible y vigoroso
varón de Mami.

Henri José García Durán
Venezuela

MI *DEJA VÚ*

Mar de Poseidón
navegaré tus aguas
como Ulises.

¡Inmortal hombre!
Soy príncipe de Zeus
rey del Olimpo.

Días y noches
mares ocultos, cielos...
me abrazarán.

El oráculo
me conduce al Alpes
al reino sin fin.

Jabeque, marcha...
por los mares profundos
tronos del ego.

¡América mía!
conquistaré tus aguas
tierra mágica.

Vientre fecundo
suelo de mi Imperio
morada azul.

Un sueño cubre
este navío sublime
fin del *deja vú.*

Andrea Guerrero Gómez
México

MUJERES

Miedo constante
"no confíes en nadie"
siempre pendiente.

Unas no vuelven
"¿cómo estaba vestida?"
preguntas que hieren.

Juzgas, no debes
es mejor empatizar
¿no la conoces?

Esta vez no lo es
pero ella podría ser
a quien más quieres.

Rómpelo todo
tu vida vale por más
que un destrozo.

Es miedo siempre
transporte, escuela, calle
culpa no tienes.

Solo pido paz
poder caminar sola
sin miedo, jamás.

Brenda Castro Rubio
Perú

LIBÉLULA

Las noticias traes
se expande el sol
vuela feliz.

Ímpetu faz
alas revolotea hoy
majestuosa.

Belleza toda
la esperanza vuela
portal de luna.

Encanto tiene
como magia en luces
maravilloso.

Luz atrae, brilla
el sendero mágico
bajo la luna.

Unísona es
como eco montaña
cada mañana.

Libre es reina
postrada te encanta
como esfinge.

Ama libertad
libre entre las flores
amanece paz.

Gabriel Fabricio Rodríguez
Uruguay

CON MIEDO

Cobarde abrumas
desnudando indecente
tristes verdades.

Ordenas necio
recuerdos silenciosos
que muestran llantos.

Negando abrigo
a ilusiones futuras
atormentando.

Muerdes mi fe
enervando, temblando
serios insomnios.

Invadiendo harto
con sepulcros dolientes
de flores frescas.

Ebrio de hiel
me encarcelan las noches
en la espera.

Dudo dormir
pero la noche terca
ancha, persigue.

Oliendo dudas
abrazándome en sueños
mientras tú esperas.

———

Daniel Bueno González
España

LUZ

Lágrimas de sal
sueños hechos de cristal
miedo y ansiedad.

Una puerta más
que da paso a la verdad.
Dolor. Realidad.

Zarpar, marcharse
irse sin mirar atrás.
Respirar la luz.

Sandra Santana
Puerto Rico

ALGÚN DÍA

Amargas dudas
acechan inclementes
el miedo arrecia.

La incertidumbre
se va instalando a prisa
nubla la mente.

Ganas de gritar
un llanto sin consuelo
va acrecentando.

Un enemigo
amenaza, mas logra
que nos unamos.

Navegar juntos
para evitar naufragios
es la salida.

Dispuestos todos
cambiemos paradigmas
abramos surcos.

Irreductibles
enfrentemos la crisis
y triunfaremos.

Aferrémonos
con fe a la certidumbre
de la victoria.

José Luis Machado
Uruguay

MELODÍA

Música suave
selección ordenada
el Sol, la clave.

Estructurada
sensible y sonora
nota que llora.

Los instrumentos
imitan las tormentas
con o sin vientos.

Organizadas
do, re, mi, fa, sol, la, si
entrelazadas.

Deidades, musas
murmullan en las olas
las caracolas.

Islas y naves
escuchen las sirenas
cantos mortales.

Alza tu canto
que nazca cada día
tu melodía.

Luis Alfonso Medrano
Chile/Venezuela

MIGRANTES

Me fui, nos fuimos.
Dejé mis sentimientos
dolor y sueños.

Inicié nuevo
camino, a destino
desconocido.

Genero miedos
creo incertidumbres
y desafíos.

Resistiéndome
a sentirme perdido
en mundo nuevo.

Aunque marchamos
a paso firme, sé que
es inseguro.

No quise salir.
Fue sin alternativas
tan solo me fui.

Tuve que crear
pensar en positivo
trillar caminos.

El tiempo dirá
decisión acertada
o fue pérdida.

Somos caminos.
El mundo es tu hogar
sal a caminar.

Santos Alfredo García
Guatemala

AMOR

Arte del alma
suspiro que atesora
recuerdos bellos.

Misterio loco
atesorado en calles
abiertas al sol.

Odre vacío
y lleno de suspiros.
¿Por qué te alejas?

Riega tu aliento
con sabor a miel pura.
lléname de ti.

María de los Ángeles Cruz
Puerto Rico

CULPABLE

Consciente soy
mi mundo egoísta
al final venció.

Umbral al foso
oscuro laberinto
allí me lanzó.

Loco el amor
trastorna tus sentidos
lanzado al dolor.

Penitencia
expiación final
el abandono.

Aspiré luz
busqué la armonía
armé piezas.

Busqué abrigo
rompí las ataduras
miré a Dios.

Levé mis anclas
oteé horizontes
pedí el perdón.

Enfrenté culpas
acepté secuelas
encontré la paz.

Luccia Reverón
Puerto Rico

AGUA

Amaneció
veo correr las aguas
quiero tocarlas.

Ganas me nacen
para bañarme en ti
tan de improviso.

Ungüento frío
tu líquido en mi pecho
río caudaloso.

Agua que agitas...
mis sentidos conviertes
y el llanto, en risa.

Rubén Molina García
Puerto Rico

ODIO

Ojos cerrados
una mirada baja
no hay sonrisa.

Deteriorante
baja autoestima
muestra enojo.

Incompleto es
¿de qué sirve su fuerza?
Pa' puro dolor.

Omnipotente
si lo dejas atacar
autodestruye.

Miguel Ángel Beltrán
Puerto Rico

COVID

Cómo has dañado
el mundo con veneno
destruyéndolo.

Oraciones hoy
elevamos al cielo.
¡Dios, escúchanos!

Vidas perdidas
odio y destrucción
de hombres egoístas.

Inicia tu día
buscando de Dios.
¡Misericordia!

Damos la lucha
seguimos adelante
con esperanza.

Layda Melián
Puerto Rico

COVID DIECINUEVE

Cada momento
que paso sin ustedes
es un castigo.

Ósculos secos
lanzados por el aire
bits o retratos.

Vivir ausente
en mi propio espacio
lejos de todos.

Incluso fuera
a seis pies separados
pocas palabras.

Días, semanas
esquivando la muerte
sin un abrazo.

Difuntos muchos
aislados, ahogados
su clan ausente.

Intentan parar
al bicho invisible
virus de Wuhan.

Esbirro, piensan
no, pandemia natural
bribón de besos.

—

Cada segundo
extraño a los míos
casta, amigos.

Intento tragar
escapar del silencio
oír conciertos.

Nada suplanta
a las voces, las risas
a la protesta.

Un libro se lee
un disco se escucha
mas no se besan.

Enajenados
no podemos continuar
para siempre.

Vivir sin gente
no es alternativa
faltan abrazos.

Estamos listos
a besar, a abrazar
con las máscaras.

Graciela Olivera Rodríguez
Uruguay

INVIERNO

Ibas de paso
rumbo a la primavera
cansino y parco.

No tienes prisa
te duermes en la lluvia
de una ventisca.

Vienes con furia
maltratando las plantas
con tus penurias.

Inventas nubes:
grises, negras, oscuras.
Matas azules.

Escapas solo
cuando el sol te ha vencido
te haces un trompo.

Rompes los nidos
y los pobres pichones
acallan píos.

No sientes culpa
eres terco y dañino
como la bruma.

Oigo tus pasos
tus huellas amarronan
por dentro al campo.

—

Domingo Hernández Varona
Estados Unidos

YO SOY

Yo soy ese, que
va andando las calles
que no conozco.

Oligofrenia
del mar, tiró mi barca
a estos puertos.

Soy el poeta
con su cítara rota
en otros vientos.

Oculto yace
entre arrecifes mi
amado pueblo.

Yunta que ata
mil recuerdos danzando
desde mi cuerpo.

José Sahui Maldonado
México

NOSTALGIA

No es la muerte.
A mí lo que me aterra
es el olvido.

Olvido de mí
de perder este mundo
en el que sufro.

Sufro el ayer.
Ese tiempo que se fue
y nos tortura.

Tortura por ser
tan solo un instrumento
de gris ausencia.

Ausencia que es
el reflejo distante
de mi latido.

Latido seco
de un corazón desecho
que me golpea.

Golpea duro
con la nostalgia triste
e inevitable.

Inevitable...
por ser como una sombra
que se me adhiere.

Adhiere siempre
y cada vez que trato
de ser yo mismo.

Oscar Santiago Velásquez Muñoz
Nicaragua

LUCHA

Lo que nos tocó
fue luchar hasta el fin
sin mirar atrás.

Un paso final
para poder triunfar
o intentarlo.

Con todos, juntos
gritamos por libertad
con fe en vencer.

Hallando muerte
y un país muy roto
que no tiene paz.

Aún seguimos
luchando por lo justo
y por ser feliz.

Gustavo López Córdoba
Bélgica

INGRID

Inolvidable
tú siempre has sido
oh, dulce niña.

No es secreto
en mi corazón vives
aún persistes.

Gracia tan pura
que aún me hechiza
amor eterno.

Reíamos juntos
tú y yo por siempre
dame tu mano.

Ignora todo
distancia o tiempo
y di "te amo".

Dame tu alma
la mía ya es tuya
volemos juntos.

Rosario Martínez
México

ESPEJO

Eres imagen
hierática e impasible.
Te contemplo yo.

Siempre tú observas
con rostro frío y plano
a tu alrededor.

Pecados en ti
reflejados y ocultos
ruegan silencio.

Eres brillante
a muy pocos complaces
sin contemplación.

Juegas con ellos
conoces bien sus miedos
confiados a ti.

¡Oh, cruel reflejo!
Brillante, desdeñoso
la espalda te doy.

Adriana Villavicencio
México

HOJA

Hijos del monte
con pulmón perfumado
a tierra virgen.

Oren su bosque
fauna, flora valiosa
interminable.

Junta las manos
resguarda el secreto
de luz de años.

Amanecerse
escarchados de suelo
inmaculados.

Silvia Gabriela Vázquez
Argentina

VIRUS

Volver a casa
a la coreografía
detrás de escena.

Ilusionarnos
con pisar la vereda
cruzar el miedo.

Respirar hondo
el aire en los balcones
árbol y cielo.

Único tiempo
de incertidumbre y calma
amuralladas.

Solos, despiertos
rogándole al insomnio
que se evapore.

Begoña Osés Aguirre
Chile

LAZO

Late con fuerza
bombea suave y triste
está confuso.

Alma serena
angustia crece afuera
no le entran balas.

Zumban oídos
abundan decisiones
desgarradoras.

Odia estar sola
la cuarentena aflige
sin argumentos.

Katherine Quirós Bonilla
Costa Rica

YO

Y sabré de ti
en la paciente lluvia
ayer destruida.

Oscureceré
mis pausados latidos
adentro de mí.

María Antonieta Elvira-Valdés
Venezuela/España

SALUD

Si amanece
y estás vivo, anda
siente, respira.

Agradece tu
salud; otros la buscan
y no la tienen.

Lee, escucha
sueña, ama, trabaja
y persevera.

Una, mil veces
cada mañana, vive
para ser feliz.

Devuelve bondad
aquí y ahora, con
paz y sencillez.

Diana Lee Díaz Guzmán
Puerto Rico

IDIOMAS

Igualdades en
un planeta igual con
fronteras impar.

Dados cambiantes
mundos inseparables
en separables.

Inigualables
entendimientos pasan
penas olvidan.

Occiso el bien
desconocidas rimas
en mil pilares.

Menos distancia
más cercanía entre
brisas hermanas.

A la orilla
de la distancia sienten
hermandad linda.

Silencio en pez
nadando en los mares
de lo incierto.

Verónica Amador Colón
Puerto Rico

SONÁMBULO

Soñando él está
y con ojos cerrados
sale a caminar.

Olvidó el día
divaga hoy su mente
de tanto soñar.

No estás dormido
y dormitas paseando
despiértate ya.

Ángeles te ven
que vas buscando el amor
ayer perdido.

Mientras caminas
con pálido semblante
¿fantasma serás?

Buscando sigues
y por la casa a solas
paso a paso vas.

Uniendo sueños
ya tejes en tu mente
ese amor ideal.

Languideces hoy
tu amor es imposible
nada encontrarás.

Obstinado vas
oyendo muchas voces
que te envolverán.

———

Lisa María Hernández
Puerto Rico

AMOR PLATÓNICO

Amor que ama
lo que no puedo sentir
sigue amando.

Mírame como
te miro, perdido yo
en tus relieves.

Obra de arte
el lienzo que admiro
y mi deseo.

Reclamo cielo
en mi tierra infértil
tus besos en mí.

Platónico es
tu latir en las noches
sobre mi cama.

La última luz
del día que avanza
es tu silueta.

Ángel que falta.
Cuando la ves, suspiras
y tú la amas.

Tú, convertido
en la brisa que mueve
claros cabellos.

Onda mirada
brota en tus ojos ya
marrón celeste.

Noche sin noches
sin calor ni amores
amanece ya.

Iluminarás
sus rincones oscuros
si se lo pides.

Contemplar basta
para decirle, sabes
amor, te quiero.

Orbe, belleza
te miro perdido yo.
Amor, te quiero.

María Pedraza

Estados Unidos

DEPRESIÓN

Detesto todo
trastorno de pánico
compulsividad.

Es un gran miedo
pensamiento que vuelve
mucha tristeza.

Pesada vida
horrible pesadilla
quiero desistir.

Ruego a Dios
solo quiero terminar
quisiera dormir.

Extraño tanto
sentir emociones
vivir alegrías.

Sanidad mental
este tratamiento
los terapeutas.

Incapacidad
acepto mi disfunción
en el cerebro.

Organizo más
medito día y noche
aprendí de mí.

No sufro tensión
uso Prozac, Wellbutrin
es depresión.

Pedro Zubiaurre
España

ARMONÍA

A tu lado soy
todo lo que quiero ser:
azul y amado.

Reflejo la luz
que de tus ojos fluye
no la atesoro.

Muestro tu caudal
de vida palpitante
libre como tú.

Oasis vital
pozo del más fresco amor
que apaga la sed.

Nunca imaginé
mi alma atribulada
sin más heridas.

Inmerso en ti
alejado del dolor
todo se aquieta.

Amado y azul
como un Edén soñado
cuajado de paz.

Araceli Blanco Rubio
México

SAL

Soluble eres
mineral importante
de sabor acre.

Agua salada
de mares infinitos
llenos de vida.

Lamen las vacas
su golosina en piedras
y están contentas.

Claudia Schaefer
Venezuela

BIBLOS

Brava Fenicia
desde tu nacimiento
siempre habitada.

Impenetrable
abrazan tu esencia
dioses y diosas.

Biblia, papiros
tu pasado inspira
magistralmente.

Luces tu puerto
tus maderas de cedro
y tu muralla.

Olores tuyos
en el Mediterráneo
sienten tu verdad.

Sobreviviendo
continúas tu labor
sublime reto.

Luisa Fernanda Betancur
Colombia

AMOR

Al lado tuyo
todo es color rosa
floreces en mí.

Manantial coral
de mis sueños sonoros
verso y verdad.

Obra maestra
quimera de mi alma
celeste de mí.

Renaces amor
cúspide sinfónica
renaces en mí

Ana Delgado Ramos
Puerto Rico

ME DESHAGO

Mi amor real
esperándote vive
rompe mis penas.

Eterno sueño
besos imaginarios
das a mis labios.

Dejar de sentir
inútil intentarlo
idilio fuerte.

Eres mi ángel
una brillante estrella
ilumíname.

Siento pesares
mis flores se marchitan
tu amor muere.

Haz un milagro
resucita el alma
ven a mis brazos.

Amor eterno
escribiéndome versos
mientras espero.

Gozoso día
ignorado regreso
no más tristeza.

Olvidándote
rehaciéndome estoy
el dolor se va.

Luis Manuel Rojas Urquiza
Chile

MIS HIJAS

Maravillosas
como flores hermosas
mis cuatro rosas.

Incomparables
que mi vida perfuman
con su ternura.

Seguirán siempre
alumbrando mi vida
con luz divina.

Hermosas ellas
soy orgulloso padre
mis hijas bellas.

Imprescindibles
para mí sus abrazos
yo soy sensible.

Jamás olvido
sus caricias primeras
y su dulzura.

Aunque mi vida
un día ya me falte
sin despedida.

Siempre presente
para acompañarlas
eternamente.

Gladys Villareal Cano
México

DENTRO

Desde pequeños
encontrar anhelamos
la felicidad.

Establecemos
caminos y destinos
vida sin final.

No bastaría
una pandemia mundial
para reaccionar.

Todo lo que ves
afuera no alcanza
¿No ves? ¡No basta!

Recuerda siempre
no compra el dinero:
vida y salud.

Oro buscabas
fuera y, dentro es que
lo llevabas tú.

Oscar Abdiel Romero
Colombia

FRUTA

Fruta prohibida
con pezones de fresa
azucarados...

Rica, dulzona
labios de mandarina
y tu cintura.

Un laberinto
de elíxir y de mieles
de albaricoque...

Tiemblas conmigo
tu dulce de guayaba
unge mi pecho.

Almibarado
me derrito en tu vientre
en un espasmo...

Andrea Bignon Arriagada
Chile

MUERTE

Misterio vital
eterna es la duda
vana la prisa.

Unión divina
sagrado el vínculo
presas las almas.

Estéril el yo
silenciados los egos
tibio despertar.

Riscos y riesgos
en caminos andados
la paz espera.

Trémula la voz
palpitan los párpados
late la sangre.

En sueños vago
prescindiendo del miedo
la luz abrazo.

Raúl Oscar D'Alessandro
Argentina

RESILIENCIA

Resiste vientos
quien con un alma pura
se templa en Dios.

El afán tenaz
se niega a rendirse
ni cede jamás.

Sublime pincel
pintando esperanzas
en arcoíris.

Integra la paz
al paisaje de vida
con mano franca.

Levanta blasón
en gozo de victoria
hacia el cielo.

Invita gentil
a fraterno abrazo
limpio y puro.

Eleva rezos
con cánticos felices
hacia el padre.

Nunca se rinde
ante la adversidad
templa su alma.

Con serena paz
enfrenta toda lucha
sin ningún temor.

Íntegro y fiel
eleva su existir
al gran creador.

Aúna las manos
en reverente gracia
y vence por fe.

Noemí Rubiano
Argentina

AVE

Ave alada
cuyo dulce acento
por el cielo va.

Vuela muy alto
mientras el ala bate
con inspiración.

Emprende viaje
cantando con anhelo
onda musical.

María Zully Bautista
Uruguay

OLAS

Olas avanzan
zigzagueantes y rompen
entre las rocas.

La cresta entera
velo de novia será
sobre las piedras.

Atrapan mi alma
con frescura de gotas
cuerpo huele a sal.

Su encanto único
como lluvia brillante
salpica mis pies.

Rafael Morales Gamboa
México

O

O bien te marchas
o me amas con pasión
no hay otra opción.

Orlando Pérez Manassero
Argentina

FANTASÍA

Fugaces sueños
perturbando mis noches
con sus fábulas.

Aladas hadas
girando ingrávidas
en torno mío.

No quieren oír
cierta bella música
compuesta por mí.

Trato de cantar
pero ellas riendo
silencian mi voz.

Algo presiento
que a mi lado está
y yo mismo soy.

Sé que falsa es
la forma espejada
que canta por mí.

Intento huir
y extiendo mis alas
pues puedo volar.

Alto, muy alto
las hadas me liberan
despertándome.

Porfirio Flores Vázquez
México

GRACIAS

Gigantes como
héroes de épica
literatura.

Rifando alma
y corazón valiente
en alto vuelan.

Agradecidos
por su destacada y
pertinaz labor.

Centenares de
miles les aplaudimos
honor y loa.

Indefinida
gracia debe socorrer
su espíritu.

A enfermeras
y doctores exaltar
noble tarea.

Siempre gracias a
todos, Dios los proteja
y vida plena.

Iván Parro Fernández
España

VIRUS

Vivir es fácil
cuando se tiene salud
y se es feliz.

Ingrata vida
cuando viene la muerte
y no avisa.

Robo tiempo
y tener un minuto
más para vivir.

Un solo adiós
que sea acompañado
si es posible.

Siento morir
el COVID acabará
con mi existir.

Rebecca Morales
Puerto Rico

<u>FLU</u>

Fortalecido
entre males ajenos
no tienes credo.

Luchas reales
se rompen nuestros lazos
quiebras al pueblo.

Uno, dos, cien, mil
se suman tantos cuerpos
el miedo arropa.

Fernando Cano Galarza
Ecuador

PAPEL

Palabras leo
en mis dedos manchados
tú cortas mi piel.

Al admirarte
despierta mi ilusión
¡chao depresión!

Puedes llenarme
con susurros de trazos
enamorarme.

Envuelto en ti
sujeto en historias
me estremecí.

Lento te fumo
por terrible ansiedad
¡humo liberad!

J. Jesús García Rincón
México

DOLOR

Dios punitorio
causante de mi llanto
ambivalente.

Obediencia tal
que oprimes mis voces
oscura noche.

Lacayo voraz
que atisbas mi pena
gemidos leves.

Ósculo traición
aventurero y cruel
capataz infiel.

Rey infame tal
consentido y fatal
alucinante.

Héctor Vargas
Estados Unidos

EL RETO

Es mi destino
la generosa vida
me lo ha brindado.

Largas horas de
enorme felicidad
también tristezas.

Recuerdos que no
se han ido ni se van
vivos estarán.

Esos recuerdos
dan a mi espíritu
dulces quimeras.

Tocando fibras
ellos me impulsan a
seguir viviendo.

Ojalá el sol
siga despertándome
muchas mañanas.

Alcides R. Meléndez

Venezuela/Estados Unidos

VERDOR

Ven arbolito;
besa la primavera
con labios verdes.

Ella espera
caricias de tus hojas
y mimos frescos.

Ramajes dancen
en cadencioso verdor
valses de amor.

Diáfanos cantos
susurren a las nubes
himnos y preces.

Otra vez llegó
el piar primaveral de
aves canoras.

Retozan sus
alas, festejando van
libres, trinando.

César Talledo Saavedra
Perú

PENUMBRA

Pesar del mundo
un daño irreparable;
virus siniestro.

Es un mal sueño
su lúdico contagio:
triste mortandad.

Nadie lo siente.
Impregnado del aire
llega malsano.

Urge tener fe.
Su signo es maligno
negro destino.

Manto lúgubre
su sombra calcinada;
cuerpo ausente.

Bruma doliente
cubre la noche triste;
almas en trance.

Ritual amargo
se quiebra lo soñado;
magro cortejo.

Algún lamento
profana la penumbra:
cruentas las horas.

María Del Pilar Reyes
Estados Unidos/Puerto Rico

SILENCIO

Sordo enmudece
cuando otras voces gritan
se internaliza.

Ilusionista
al brindar fiel caricia
con cruel sonrisa.

Luce sereno
ante lo inevitable
vive sin prisa.

Estremecedor
vacío que aniquila
consume y hastía.

No se pronuncia
no tolera denuncia
por su osadía.

Callado confín
cofre de fantasías
ira y alegrías.

Inoportuno es
lenguaje no utiliza
quieto medita.

Otorga razón
esconde dudas, verdad
malicia e intrigas.

Ruth Levy
México

OJOS

Oscuros, claros
admiran luz y color
emocionados.

Jubilosos van
al encuentro de otros
con igual calor.

Oscilan entre
alegría, tristeza
calma y amor.

Si los atrapan
maravillas súbitas
sonríen a más.

Paola González Mantilla
Colombia

SANTIAGO

Solamente tú
has sido luz diaria
y oscuridad.

A veces dulce
y otras como puñal
algo dijiste.

Necesitarte
sin saber qué decirte
reconstruirme.

Tu mirada va
y rompe y ordena
y todo llena.

Iluminaste
mi corazón marchito
con tu sonrisa.

Ahora juntos
aunque a kilómetros
los dos estamos.

Gasta tu vida
tu espacio conmigo
no debes temer.

Oscuridad, tú
tú, mi luz y delirio
corazón azul.

Carmen Estrada
Estados Unidos

SIN FILTRO

Seductora es
simplemente natural
lo que proyecta.

Inyectándose
desde su propio amor.
De su belleza.

No se esconde
invita a la tristeza
la abandone.

Fortalecida
sonríe sin enojos
siempre animada.

Incomparable
eres mujer divina
hoy maltratada.

Lo más curioso
la vida te invita
a protegerte.

Tu bella vida
te invita a vivir
sin esconderte.

Rompiendo todo
con lo que otros creen
es la belleza.

¡Ocultándote
no matas la tristeza
de tu tormento!

Eduardo H. González
México

POETA

Pueblan las letras
tu espalda caída.
Ardes en ellas.

Ornamentas tú
empedernido bardo
el grácil verso.

Es el poema
sima y largo ascenso;
larga diatriba.

Toda soledad
desnuda entresijos
y la tristeza.

Aromática
y honda, la poesía
sola navega.

Manuel Serrano Funes
España

MIGRAR

Mujeres y hombres
embarcan con los niños
la luna llena.

Irán al mar
con la inclemente lluvia
miles de lágrimas.

Guetos cerrados
almas vagando frío
viva esperanza.

Recogen sol
en la repleta barca
cuatro mil almas.

Andan buscando
una vida mejor
sorteando muerte.

Rompe el silencio
cuando aúlla la sirena.
El alma baila.

Mario Artcadia Panet
Puerto Rico/México

MÉXICO

Mexicas fuertes
guerreros ancestrales
amos del terror.

Estimulados
por la sangre caliente
para los Dioses.

Xibalbá del sur
lugar sagrado Maya
para los muertos.

Inverosímil
desarrollo cultural
pura riqueza.

Cuántos aportes
patrimonio del mundo
durante siglos.

Olmecas matriz
teotihuacanos raíz
orgullos del hoy.

Gabriela Cárdenas
Ecuador

DISTANCIA

Distancia fría
ajena al sonido
la de tus ojos.

Ira que brota
cuando ya no te siento
cerca o lejos.

Soledad larga
embriagante, sombría
si tú no estás.

Tormenta azul
en el ocaso aquel
repitiéndose.

Amargura gris
fundida en tus ojos
y yo, ausente.

Noches sin final
Imperturbables días
llenos de nada.

Consuelo hueco
cuando ya no te toco
con o sin manos.

Insomne río
de preguntas, con eco
en el olvido.

Ahora lucha
con puertas invisibles
las de tu alma.

Susana Illera Martínez
Estados Unidos

DETRÁS DEL MIEDO

¿Dónde habitas
cuando se va la calma
tristeza mía?

Esperanza gris
que se esconde [siempre]
en la penumbra.

Te transfigura
y muerde tu aliento
hasta matarte.

¡Rompe la ira
que trajiste oculta
en la solapa!

Asfixia sorda
tras el recio estruendo
de tu ausencia.

Silencio triste
bajo las nubes rojas
de mis párpados.

Dime si mueres
al sentir la distancia
¿o resucitas?

Esperanzado
en un futuro parco
se desvanece.

Letargo vasto
se antoja eterno
como un caudal.

Mientes [ingenuo]
engañando al tiempo
que se detuvo.

Indescifrable
angustia, que atrapa
equivocada.

Esquiva sombra
que dejó de seguirte
para quedarse.

Dormida en ti
evadiendo la hora
de tu partida.

Ocaso denso
que determina el fin
de nuestro miedo.

José Luis Silva-Díaz
Estados Unidos/Puerto Rico

ONDINA

¡Oceánica!
Belleza de las aguas
un mar secreto.

Ninfa de Europa
relato de náyades
miles de cuentos.

Desposada al rey
diste origen a razas
y grandes pueblos.

Ilíada y oda
hipérbole en poema
Homero y Grecia.

Nada como tú
se compara en la historia
oro y memoria.

Antes del hombre
entre mares y cielos
¡Hija de Zeus!

Noel León Rodríguez
Cuba

VALLE

Valle de rosas
embriagadas de olor
enternecidas.

Atardecer
sobre la mar en calma
nos refugiamos.

Luz cegadora
del sol del mediodía
nos evapora.

Lánguida pasa
la cordillera anciana
bajo las nubes.

Estoy de asombros:
el espejo del río
me fotocopia.

Gabriela Ladrón de Guevara
México

MAR

Modula la ola
mientras recoge la sal
devuelve la luz.

Acaríciame
compárteme la brisa
espuma total.

Rodea la playa
en luna reflejada
plata salada.

María Angélica Mina Carvajal
Puerto Rico/Colombia

COLOMBIA

Cuánta dulzura
con la tierra que me vio
crecer. ¡Bendita!

¡Oh! ¡Colombia! Qué
bellos atardeceres
cuánta calidez.

Libertad gritan
tus campos cada día
desde la niñez.

¡Oh! Majestuosa
tierra de colores y
lindos cantares.

Miré tus mares
con mucha admiración
antes de partir.

Buenos momentos
pasamos en el jardín
de orquídeas.

Inmensas todas
tus riquezas, hasta tu
olor a café.

Amo mi tierra
amo sus verdes campos
al amanecer.

Emilia Montes
Chile

PANDEMIA

Poder salvaje
de la comunicación
¿cuál es la verdad?

Ante la muerte
la vida que soñamos
hoy subyugada.

Nadie escapa
de los subterráneos
autoimpuestos.

Dudas atacan
la conciencia de todos
¿resistiremos?

Esquivos seres
añorando encuentros
desesperados.

Mañana es hoy
la muerte ha venido
a visitarnos.

Ilusión vana
de niños explorando
hoy encerrados.

Antes del final
nos miraremos libres
en esta vida.

Rocío Durán Barba
Francia

LA PRIMAVERA

La primavera
desparramaba feliz
encantamientos.

Ayer irrumpió
con silentes contornos
como herida.

Perpleja oigo
la queja de la Tierra
en todos lares.

Retengo su voz
contra tanto exceso
el esnobismo.

Invento mapas
proyecciones distintas
para su alma

Me incorporo
veo cuánto derroche
la inconsciencia.

Anhelo andar
encontrar la palabra
aliviar penas.

Viajar otra vez
entre las transparencias
de altos surcos.

Embelesarme
en el renacimiento
de otro mundo.

Rehacer sendas
evocando el amor
su poderío.

Ante el sueño
canta la primavera
nos vivifica.

Mosheh Fruchter Kogan
Puerto Rico

TRAVESURA

Tu lindo rostro
y esos ojos bellos
me iluminan.

Reírme puedo
y te lo agradezco
refrescándome.

Anoche te vi
mirando las estrellas
y te hablaban.

Vacío el mar
callado y profundo
sin tu presencia.

Entre tus labios
escondes las palabras
con tu silencio.

Surge el amor
mostrando en tu rostro
la alegría.

Una sola vez
salió una lágrima
y te vi llorar.

Ríen y también
iluminan tu cara
palabras bellas.

Atreviéndonos
rompemos el silencio
y nos amamos.

María del Rosal Villalpando
México

FAMILIA

Fortaleza, luz
réplica el legado
ha trascendencia.

Ancla cálida
eslabón simbólico
enlace fino.

Morada pinta
paraíso manejable
más entrañable.

Imperturbable
enseñanza valiosa
fortuna pura.

Laboriosidad
construyendo a pasos
grandeza plena.

Impulso claro
entroncamiento nuestro
marca la vida.

Aprendizaje
viaje alucinante
es legendario.

Elizabeth Marcano López
Italia/Venezuela

EMIGRANTE

En ocasiones
cambiamos de espacios
físico, mental.

Movimientos
nos invitan a crecer
reorganizar.

Idioma, gente
familia, aires, vida.
Mágico sueño.

Generándose
muchas más experiencias
expectativas.

Reiniciarnos
a florecer, emerger
como una flor.

Aceptando pues
lo único constante
en nuestra vida.

Nuestro el cambio
ese camino firme
que nos espera.

Tejiendo sueños
buscando el momento
de pertenecer.

Entendiendo, sí
podemos hacer país
en algún lugar.

Jesús Aguilar
México

GUERRA

Gritos se oyen
el dolor no afecta
hoy se acopla.

Usar la boca
utilizar palabras
que disparamos.

El dolor no es
un problema, ya que no
es real en sí.

Redacta versos
por eso no es real
es todo guerra.

Rápida, lenta
está presente siempre
con o sin sangre.

Así es ella
sinceridad, crueldad
tú lo decides.

Adina Cassal
Estados Unidos

TIEMPO

Tú, traicionero
te escondes en la arena
y bajo el polvo.

Insultas nuestras
preguntas y te ríes
a carcajadas.

Esperas como
gato al acecho, saltas
y nos arañas.

Morir, nacer
insolente, paseas
entre uno y otro.

Pero hay veces
que nos obligas, sí
a esperarte.

¡Oh! Eres todo
cantar: ópera siempre
siempre sorpresas.

Dorothée León Cadenillas
Alemania

RECUERDOS

Raspo la capa.
Hurgo en mi alma por
huellas del ayer.

Elijo piezas
de un espejo roto
irreparable.

Con las sombras del
amor perdido juego
al escondite.

Una ráfaga
rompe la red. Me miran
estrellas muertas.

Escucho ecos.
Me agarra la voz del
olvido. Tiemblo.

Retrocedo. Las
formas se desvanecen
en tiempos largos.

Donde antaño
vibraron espacios, hay
polvo en mis pies.

Opacos son los
días. Calman mi llanto
con su silencio.

Sellaré en mí
el vacío. Iré, no
miraré atrás.

Elena Salinas
España/Puerto Rico

MAGIA

Miles de luces
en balcones abiertos
brillan de noche.

Alegran almas
que en el día velan
por nuestras vidas.

Guapos y guapas
que trabajan sin pausa
con mucho amor.

Incansables, sí
dando guerra sin fuego.
Grandes soldados.

Aplausos, vítores
para todos vosotros.
¡Sois mágicos!

Violeta Briones Gutiérrez
México

TIERRA

Todo amor es
lo que siempre nos muestra
bendita es ella.

Ilustra y guía
al más grande sembrador
riega semillas.

Escucha a Dios
es tu amorosa Madre
que te alimenta.

Ruido ¡te grita!
A voces insolutas
sordera eterna.

Resuena hacia ella
y regresa a sembrarla
diario regarla.

Auspicio claro
cosecharás buen fruto
hijos sanados.

Valeria Martínez Torres
México

BAILAR

Buscando danzar
sobre notas agudas
de un romance.

Al compás sin fin
de los segundos que van
cortando mundos.

Incendiando con
mayor incertidumbre
a la costumbre.

Liberando a
la rutina de solo
volverse ruina.

Aminorando
el peso de los pasos
siempre vacíos.

Respirando la
libertad de existir
entre el caos.

Víctor Cabezas López
Ecuador

SIN TECHO

Sin madrugada
la tarde confundió tu
voz en el viento.

Inconcluso, sin
tus manos en mis manos
tiemblo sin frío.

Niegas mi casa
niegas haberme visto
niegas mi nombre.

Tirité en tus
brazos y mentalmente
solté tu cuerpo.

Escondida en
mis libros, cambias cada
pie de página.

Confuso miro
el mismo capítulo
ya sin tristeza.

Huye mi alma
se escurren tus ojos
y no te veo.

Osa de amor
sin curares, sin leyes
quisiera verte.

Nora Cruz Roque

Puerto Rico

VICTORIA

Vítores de paz
resuenan corazones
el amor venció.

Íbamos a pie
llegamos en volandas
muerte no pudo.

Cual día dolor
en gozo convertido
todos danzando.

Te derrotamos
vencimos a la muerte
doy el abrazo.

Oré mis muertos
lloramos mi desgracia
fui escuchada.

Ríen con bondad
corren a los abrazos
los esperaba.

Importa la paz
me importa el amor
importamos hoy.

Amo en gozo
sonríe nuestra Patria
Victoria llegó.

Gianluca Autiero
Argentina

RAMONA

Reina del barrio
ayuda en la sombra
su fe asombra.

Antes lloraba
cómoda en su casa
pero ya no.

Madura flor
que por su gente vive
y se desvela.

Ópera prima
de bondad transparente
ella es real.

Nunca duda si
cambiar su entorno
se necesita.

Algún día le
harán un monumento
a la Ramona.

Flor Paz Huamán
Perú

ILUSIÓN

Ilusión, magia
fantasía, anhelo
irrealidad.

La senda de la
vida es muy, muy larga
ponle ilusión.

Un bumerán al
aire lanza, espera
su gran retorno.

Sueña despierta
tu historia de Amor
con final feliz.

Intenta ser un
héroe con capa y
vuela muy alto.

Observa el mar
su bravura, misterio
y su belleza.

Nunca dejes de
hacer castillos grandes
en la arena.

José Antonio Pino Varens
Cuba

LLUVIA

Llueve de noche
y escapa el sueño frío
donde me escondo.

Listo el insomnio
zarpa la idea muerta
que resucita.

Umbral y gato
de gotas dibujado
razón de esquirlas.

Vituallas que son
como estrellas negadas:
riegan la tierra.

Íntimo anhelo:
sembrar mi sueño frío
a la intemperie.

Anda la idea
hacia el umbral del gato.
Llovido, sueño.

Elba Gotay Morales
Puerto Rico

AMOR VIRTUAL

Amo entrar al
juego en red, refugio
terapia virtual.

Más no esperé
lo que me deparaba
dentro, esta vez.

Obstinada yo
y sin pensar, comenzó
lo que huía yo.

Ráfaga veloz
llamada amor, entra
al ser, al alma.

Veneciano él
Puertorriqueña yo. Sol
y luna... Lejos.

Irremediable
estoy enamorada
perdida por él.

Risas y llantos.
Nadie dijo fácil es
enamorarse.

Torrente viva
de pasiones, deseos
mutuo amor es.

Un océano
separa, mas el amor
los actos, unen.

Afortunada
has sido tú mi faro
por ocho años.

Lánzate, vuela...
o te juro vuelo yo.
Va siendo hora.

Francisco León Cuervo
México

MUERTE

Madre, búscame
sigo aquí, perdido
sin poder dormir.

Una vez soñé
la eternidad mía.
Iluso era.

Estamos solos
en este lugar, lleno
de otros muchos.

Ruinas de vida
solo conservo; antes
también fui feliz.

Todas las cosas
olvidadas recuerdan.
Tienen memoria.

Eres tú, Madre
quien conoce mi dolor
la pena mía.

Hilda Carrera Gamonal
Chile

MATERNIDAD

Miro tu boca
y me cuenta mil cosas
esa sonrisa.

Al observarte
exploro nuevos mapas
en tu piel suave.

Traes contigo
la mejor marraqueta
del universo.

Eres pequeña
y ya tienes el eco
de las raíces.

Reconocibles
son tus ojos chinitos
tu naricita.

Natita linda
no dejo de mirarte
emocionada.

Irradias luz
luciérnaga chiquita
abres tus ojos.

Deditos suaves
se aferran a los míos
mágicamente.

Almita nueva
esparces alegría
bello regalo.

Descubro el mundo
porque es otro, contigo
entre mis brazos.

Silvia Alicia Balbuena
Argentina

SUEÑOS

Son ingrávidos
glóbulos de pasiones
incontrolables.

Una ilusión
imaginación febril
vívido ardor.

Espacio vano.
Escapes de recuerdos
dolor angustias.

Ñomos serpientes
amor sexo lujuria
volar y caer.

Onírico vals
instante atemporal.
Desasosiego.

Soñar y sentir:
lábil inseguridad.
Soñar y vivir.

Yeni López Lemus
México

PERIFERIA

¿Por qué será que
las olvidadas ninfas
cantan cumbia?

Erróneo no es
tal cuestionamiento
es auténtico.

*Ríen y bailan
las parias, las morras
las desplazadas.*

Incultas, tal vez
pero guerreras, lo sé
¡me sé defender!

Fronteras quizá
imaginadas por Dios
y la policía.

Estado, ¿cuándo
te vas? ¡Tu tiempo ya fue!
¡queremos cantar!

*Ríen y bailan
las niñas, las ancianas
las marginadas.*

Irreverentes
somos, las rezongonas
jamás calladas.

Afinidad hay
entre todas, el mundo
vamos a *cumbear.*

Luis Saavedra Angulo
Bolivia

AMISTAD

¡Ansia de volar!
Mito, sueño, realidad.
¡Nunca más, soñar!

Miedo secular:
perder dicha y libertad
me deja herido.

Instante aciago
causa impronta de dolor;
me salva, halago.

Solitario espía
escapó como arpegio
y me dejó frío.

Tu imagen, libre
de tristeza y angustia
me dio paz, por días…

Antigua emoción
retornó sin olivo;
su tumba: olvido.

Domo que cubre
la feria de estar libre:
furias han huido.

José Albino Pereyra
Argentina

COVID

Cuántas historias
de ausencia y dolor
garabateas.

Oran las madres
suplican los amigos
igual los llevas.

Vida pedían.
Nada más que palpitar
el gran don de Dios.

Ingrato virus
arrogante, sádico
¿Cuándo te irás?

Déjanos vivir
gozar, amar y bailar
cantar, ¡Ser feliz!

Mynor Alberto Barrios
Guatemala

BESO

Bálsamo febril
auspicio pactado en
cósmico fuego.

Embriaguez plena
perfumada y tibia
numen de amor.

Sedas que rozan
y en sus comisuras
las almas vibran.

Obsequio dado
del néctar extasiado
jurado en dos.

Luz Betancur Posada
Chile/Colombia

ESPERANZA

Entrelazados
superando la muerte.
Canto sagrado.

Servicio mutuo
una sola vibración.
Amor consciente.

Perenne risa
el viento se inclina
ante el amor.

En cada muerte
se nos abre la puerta
para renacer.

Rostros cálidos
que no mueran los sueños.
Corazonadas.

Ante las sombras
veo la gloria brillar.
Fe que no muere.

No hay fronteras
terminando el miedo.
Solo consciencia.

Zumbido fiel
el inconmensurable
Soplo en espíritu.

Ardiendo libres
humanidad despierta.
Epifanía.

Victoria Gómez Muñoz
México

JARDÍN

Jacintos lila
nos reciben al llegar
sacudiéndose.

Abeja reina
trabajando el jardín
polinizando.

Ruido de viento
las hojas de mi árbol
crujen al compás.

Dama danzante
orquídea galante
de tal pureza.

Ícono de paz
flotando en el charco
la flor de loto.

Nada mejor que
el verde del pastizal
tocando mis pies.

David Santiago Torres
Puerto Rico

TIEMPO

Trenzar de voces
pasadas y presentes
ecos futuros.

Inquieto reloj
que nunca nos espera
pasa de prisa.

Estación vive
con sus cuatro umbrales
puertas sagradas.

Móvil viajero
de niño a vetusto
busca destino.

Profeta hábil
y un sabio vidente
el viejo Cronos.

Oscura noche
pleno fulgor del día
que mide horas.

Wanda Lluveras Gómez
Puerto Rico

LUZ

La noche duerme
abrazando lo claro
con luz de oro.

Unión estela
en beso universal
del romántico.

Zorzal pintado
pincel del horizonte
difuminado.

Nasya Román García
México

BESO

Bastas en labios
sentí los aleteos
dentro del pecho.

Encontré amor
siendo comisura
tú la ternura.

Sudor en manos
sentimientos plenos
eso siento.

Osadía en ti
va apasionándome
acicálame.

José María González Marcos
España

SI FUERAS TÚ

Si fueras tú, yo
el beso que vivimos
ayer al alba.

Incierto, grueso
embebido en deseo
incontrolado.

Fue viral, seco
confinado en tu labio
preso en el mío.

Un soplo fresco
como peli romántica
con ese gran fin.

Entonces tú, yo
los dos entreverados
en largos versos.

Risa enconada
un cristal empañado
un tono azul.

Ámbar, añil
fundidos en melosa
herida orgásmica.

Si fueras tú, yo
como astros confundidos
en haz brillante.

Tiembla tu labio
esconde el mío, miedo
perplejidad...

Un día tú, yo
pasión incandescente
caricia inerte.

Luis Alberto Paz González
México

CARAVANA MIGRANTE

Codo con codo
al cruzar la frontera
se desdibuja.

Avance lento
cofradía envenenada
periplo sin fin.

Ríen los niños:
coro onírico de luz
entre la mierda.

Áurea cubierta
con llagas de violencia
desesperanza.

Vidas dejadas
muchas tumbas sin flores
puertas abiertas.

Antes del erial
hubo una vida frugal
satisfactoria.

No pares nunca
retrocede los siglos
hasta el ocaso.

Apremia el sino
un espejo distante
de la "humanidad".

Mis ojos no ven
el final de tu marcha
en el desierto.

Indago tu andar
de cariz sin olvido
de tierra sin sal.

Gotas de llanto
lágrimas para beber
por si despiertas.

Rota por dentro
cuando ya nadie espera:
la hora silente.

Antes de partir
oculta cada sueño
tras un alfiler.

No te detengas
y si lo haces, recuerda:
te van a alcanzar.

Tu madre dijo:
"todos tenemos algo
por qué regresar".

En una hoguera
aprisiona el secreto:
andar es vivir.

Yolanda González Méndez
México

MOMENTOS

Me encantaba
el vaivén del columpio
infancia feliz.

Ocasos de sol
jugando en la calle
saltar y correr.

Me alegraba
cantar, bailar y jugar
amigos y más.

En el verano
mojarme en la lluvia.
¡Bellos recuerdos!

Nada era más
todo se disfrutaba
escuela también.

Tareas, libros
maestros y deberes
sumas y restas.

Otros tiempos ya
nos dejan el recuerdo
de la infancia.

Siempre vivos son
siempre en la memoria
lindos momentos.

Marcelo Medone
Argentina

DESTINO

Dicen que hay
un destino marcado
que nos aguarda.

Espera quieto
para manifestarse
y concretarse.

Solo sabremos
cuando llegue el momento
cómo será.

Todo designio
oculto o evidente
ya está escrito.

Incluso antes
de nacer ya tenemos
listo el final.

Nadie conoce
lo que él nos depara
en cada día.

Obvio resulta
que el camino oculto
debemos andar.

Evelyn Ortiz Avilés
Puerto Rico

TIEMPO

Tiempo espera
paciente la llegada
ondas sonoras.

Inverosímil
encuentro y despedida
fugaz suspiro.

Entre lágrimas
se estrechan el viento
y el atardecer.

Más moribunda
esperanza que viene
tambaleando.

Pronto partirá
dejando solamente
recuerdos vanos.

Otra tarde más
desesperada ilusión
por lo que vendrá.

Sandra González Vega
México

<u>YO</u>

Y me pregunto
frente a mi reflejo
soltar, estirar

Observar, crecer
buscando la respuesta:
¿Quién soy? ¿Qué seré?

Rosaura Tamayo Ochoa
México

HERMOSURA

Hermosa vida
ahí, la oportunidad
de compartirla.

Entorno bello
naturaleza es única
es un regalo.

Recibes sol
nos abrazan sus rayos
entrega vida.

Mar con su canto
arrulla atardecer
con los naranjas.

Ósculo en paz
da el trino de los pájaros
por las mañanas.

Sentir amor
cuando el hijo te abraza
sin las palabras.

Universo, ese
nos baña con estrellas
todas las noches.

Respirar aire
nos llena de salud
es bendición.

Amar al mundo
vivimos misma casa
somos familia.

Thalia Milagros Sánchez
Venezuela

SIN PAÍS

Sentir carencias
que se van dilatando
en el terruño.

Imagen negra
es este porvenir tan
amordazado.

Ningún anhelo
encuentra su dirección
para quedarse.

Preciso días
de derrotas continuas
sin esperanza.

Alzar el grito
en la escritura es
sanar el golpe.

Independencia
¿por qué estás ausente?
El país clama.

Suelo sagrado
de ti sólo queda un
cadáver de sal.

Antonio Manzano
Venezuela

NUEVO BIENESTAR

Nunca como hoy
sientes tu Paz Interior
ora ahora.

Urge meditar
sin perder más el tiempo
éxtasis total.

En días justos
tal como lo soñaste
siempre es tu Luz.

Viral es amar
sin voltear la mirada
fábula viva.

Oír-escuchar
ver-observar-imagen
trascender toca.

Bellos momentos
junta tus ideales
te verás brillar.

Imagínate
en el aquí-ahora
solo arriba.

Éxtasis tuyo
siéntelo dentro de ti
intensamente.

Nadie lo quita
más cerca, imposible
es gloria viva.

Extra *stamina*
viene y va con amor
no solo credos.

Son sentimientos
profundos y hermosos
trascendentales.

Total inmersión
comunión entre todos
felicidades.

Alta frecuencia
búsqueda encontrada
serena vida.

Resoluciones
son logros merecidos
respíralos ya.

Graciela Chávez
Argentina

INFANCIA

Inútil tiempo
la infancia perdida
que era pura.

Nadie la cuida
sólo es ignorada.
Olvido al fin.

Familias fatuas
de vanas pretensiones.
¿Quién los cuidará?

¿Acaso no ven
la inmensa ternura
que está allí?

Nadie los cuenta
invisible la niñez.
Mejillas puras.

Curiosos miran.
Preguntas que esperan
no hay respuestas.

Infancia atroz
del mundo indolente
¿Dónde hay amor?

Apartados ya
de una esperanza
la niñez se va.

Aurora López Cancino
Chile

AMOR IMPOSIBLE

A quemarropa
su corazón estalla
primera vista.

Marasmo dulce
su mundo se transforma
sólo está él.

Omnipresente
él es sol y es luna
la mujer sueña.

Ronda el lugar
donde él compra café
sigue sus pasos.

Indicios tenues
alegran sus mañanas
el cielo canta.

Mueve caminos
ensueña el destino
no más destierro.

Planea verlo
imagina escenas
ciega de amor.

Osa saludar
él extiende su mano
ojos que tocan.

Suplicio mortal
lo ve besar a otra
quebrazón muda.

Incandescente
dolor corroe su luz
la mujer gime.

Blindada matriz
debe volver a vivir
llora sin parar.

Lo recuerda
patético estupor
loco coraje.

Es primavera
parejas de la mano
camina sola.

Cuauhtémoc Cañedo Sosa
México

VIRUS

Voraz pandemia
brota en cada rincón
de este mundo.

Invadiéndonos
sin excepción alguna
nos extermina.

Robando la paz
que nunca nos ganamos
somos la causa.

Únicamente
resta la aceptación
de vida nueva.

Sanar nuestro ser
existir integrados
en puro amor.

Noemí Serratos Hernández
México

SOLEDAD

Solos estamos
o así nos sentimos
en el silencio.

Oxitocina
es una necesidad
dentro del vacío.

Limosnas siento
en mis oscuridades
me voy hundiendo.

Entre apatía
mi interior infecto
con pensamientos.

Distanciamiento
perdida en el tiempo
nervios y llantos.

Ansias padezco
también autocompasión
y sufrimiento.

Depresión tengo
arañando tristezas
dañando la hiel.

Fabio Sánchez López
México

DESNUDO

Disfrazo mi luz
ocultando la verdad
tras los colores.

Estoy podrido
estoy perdido en mi
propia basura.

Sonrisas falsas
valentía actuada
hombre jodido.

No superaré
esa noche de marzo
donde yo perdí.

Una mentira
un juguete del mundo
un reprimido.

Dime ¿por qué tú
no eres normal, como
todos los demás?

Odio ser quien soy
soy la deshonra pura
solo doy pena

Nohemi Cotto Morales
Puerto Rico

JUSTICIA

Justo es dar lo
merecido, lo que a
cada uno toca.

Un deseo que es
de muchos, la igualdad
tan necesaria.

Sin mirar clase
social, religión, sexo,
piel ni la raza.

Tampoco con quién
decida compartir su
vida íntima.

Insisto que con
el amor venceremos
a los prejuicios.

Con la verdad y
empatía nos vamos por
el buen camino.

Intolerante
te pido que evites
tantos asechos.

A cada cual lo
respetes y no violes
más sus derechos.

Elba Morales Valdés
Puerto Rico

PEQUEÑAS COSAS

Por las mañanas
levanto mi ánimo
al nuevo día.

Enriquecida
por tantas bendiciones
y estar viva.

Que nada turbe
mi entereza vital
mi propósito.

Urdir acciones
enriquezcan mi vida
con integridad.

Ensanchar mi yo
disfrutar mi espacio
escribir sin par.

Ñoñas no dejo
mi bienestar opacar.
Tanto escrutar.

Anidar sueños
terminar los proyectos
estacionados.

Sentir la brisa
acariciar mi rostro
y renovarme.

Contar estrellas
plantar flores y frutos
leer novelas.

Odas rítmicas
escuchar atónita
calman pavores.

Saber el valor
de la solidaridad
y del abrazo.

Apoyar gente
crear puentes, no muros.
Felices estar.

Saber que solos
no andamos, sino que
siempre cercanos.

Urbama Mejía Camacho
México

FEMINISTA

Feminista soy
desde niña percibí
la diferencia.

Era servirlos
mi existencia así
justificada.

Madre callaba
ese mundo conocía
Yo cuestionaba...

Inicia mujer
no era normal, no, ¡no!
Me rebelaba.

No delinco yo
¿Nací para servirlos?
¿Mamá, por qué yo?

Insisto ¿Por qué?
¿Por qué Dios es un hombre
y no fue mujer?

Sin convencerme
reté, peleé, superé
nunca me rendí.

¡Tengo libertad!
Mi existencia justa
¡Yo me la gané!

Amo ser mujer
cambiando nuestro mundo
feminista soy.

193

Carlos Ramírez Azurdia
Guatemala

AMOR

Aquí me veo
amado y dichoso
y me resguardo.

Me enloquezco
tú abres las ventanas
que dan paz en mí.

Orbe hermoso
imagen de perfección
¡qué me has hecho!

Rostro perfecto
desnudo y sublime
te presentas tú.

Jonathan Zuno
México

BESTIA

Bajo la nada
ignora mi tiberio
mira sin ojos.

Estruja dentro
acribilla sin razón
cura con dolor.

Sabe de todo
no comparte palabras
pero sí su mal.

Tremebundo ente
adorador del arte
y del artista.

Impasible, sí
en mí siempre presente
simbionte soez.

Años pasaron
desde su dentellada
no parece irse.

Jorge Ruiz Galindo
México

DOCTOR LI

Deja oír tu voz
entre nublosas sombras
que se avecinan.

Obscuros monstruos
que tu voz iluminó
en su soberbia.

Confusa la luz
el hombre o el virus
para ti es igual.

Trataste de ver
y ambos te cegaron
por dictadura.

Obscuros monstruos
el hombre o el virus
ambos los viste.

Regresaste aquí
y antes de quedar ciego
diste batalla.

La voz que anuncia
la tormenta que viene
es voz eterna.

Incrustada aquí
donde emerge tu voz
siempre Doctor Li.

Alina Canosa Delgado
España

ICTUS

Ictus de ciudad.
Toda persona calla.
Silencio mayor.

¿Cómo buscar Paz
si olvidamos el himen
de nuestra casa?

Todos fingimos
aquí, hay mucho dolor.
Preguntas hago.

¿Usted qué siente?
¿Usted qué sabe del Mar?
¿Usted qué llora?

Sabemos de un SÍ
que tritura fronteras.
¡Salud de ciudad!

Aída López
México

SOL

Solo arribas
velo nocturno corres
anuncias días.

Orden de vida
las plantas reverdecen
brotan las flores.

Luminoso rey
auroras y ocasos
esperándote.

Obdulia Báez Félix
Puerto Rico

ALEXA

Alas cortadas
en vuelo efímero
mortal, eterno.

Lágrimas fieles
compañeras de dolor
surcaron tu faz.

Ensimismada
en recuerdos perdidos
frustrante pesar.

Xilografías
sociales y raciales
postrero final.

Abandonada
reflejo de angustia
tu rostro lloró.

Carmen Chinea Rodríguez

España

TIEMPO

Tiempo de cambio
de reflexión y duelo
mudando la piel.

Incertidumbre
un salto al abismo
sin armas, sin red.

Encierro total
no salgas, no abraces
el mal acecha.

Miedo y dolor
transcurre triste, amargo
inexorable.

Pasa despacio
discurre frío, lento
fluido viscoso.

Oler la brisa
recuperar el aire
volver a sentir.

Gerardo Hernández Urbina
México

PLAYA

Pilares arcos
huellas andantes brillan
danzantemente.

Lienzos de coral
resueltas al cielo van
río de arenas.

Ardientes brasas
el astro rey impera
viajan sal de mar.

Y las palmeras
cobijantes marinas
soledad mía.

Arenas brisas
dilema zozobrante
en alta mar va.

Lizzie Nevárez de Jesús
Puerto Rico

CRECER

Caos en la vida
renacerás de nuevo
metamorfosis.

Ruido al salir
de aquel suelo negro
con policías.

Expresas verdad
dichas a quien confías
es desahogo.

Canto al nacer
de nuevo reverdeces
con sana tierra.

Ese no vuelve
así es decretado
otro camino.

Ríe de nuevo
encontrando amigas
adonde vayas.

Adriana Preciado Amezcua
India/México

LLUEVE

La ventana veo
cae tristeza del cielo
manifiesto gris.

Limpia mis huellas
purificando mi ser
medicina es.

Un sentimiento
melancolía feliz
sonrisa triste.

El frío en la piel
calor en el corazón
arrullo en paz.

Vuelvo a mi ser
cariño en gotas soy
ojos húmedos.

Entendiendo que
afuera ya no llueve
si yo no lluevo.

Virginia Amado
Argentina

HAY

Hay miedo global
miramos entre todos.
Las manos juntas.

Argentina ama
y sufre por sus hijos.
Incertidumbre.

Yacen en pausa.
Mucha solidaridad
esperanzada.

Honorio Agosto Ocasio
Puerto Rico

SOLEDAD

Señora de bien
que pernoctas conmigo
sin condiciones.

Orgullo sientes
cada vez que imploro
tu sacro nombre.

La noche tiende
sus majestuosas galas
para que pases.

Eres flor néctar
que nutre mi corazón
atribulado.

Destilas amor
hacia un ser que solo
anhela vivir.

Admito que soy
inmensamente feliz
cuando te veo.

Dejando atrás
lo que fui, soy y seré
bella Soledad.

Josh Neves
Venezuela

DOCTORES

Dedicados a
cuidar de quienes están
entre sus manos.

Ocupados se
hallan; de esta pandemia
nunca descansan.

Cautos guardianes
del puente que conecta
vida y muerte.

Tal vez no tienen
capa, pero sin duda
son mis héroes.

Orgullo deben
sentir; su sacrificio
agradecemos.

"¡Resistan cuanto
puedan!", con angustia se
los suplicamos.

¿Escuchan? Olas
de aplausos; hay dibujos
de arcoíris.

Suspiran hondo
jubilosos, cuando una
vida han salvado.

Reinier del Pino Cejas
Cuba

COVID

Cuido a mis hijos.
Reservo los abrazos
para mañana.

Otro abandono.
Ramona, la vecina
ya no regresa.

Voy por la casa.
Mi mundo se limita
a este refugio.

Imagen triste.
Acomodo al espejo
mi mascarilla.

De la ventana
miro a mi pueblo y digo:
No será el mismo.

Aída Díaz Díaz
Puerto Rico

<u>VIDA</u>

Van los sueños
quebrantando mi vuelo
que aún dormía.

Imagino el sol
palpar existencias
y ya respirar.

Dulces anhelos
enarbolando magia
e ilusión.

Amar y soñar
levantarse el miedo
y así despertar.

Mariana Aguiar Caorsi
Uruguay

Y TE DIGO

Yo te veía…
La acera de enfrente
vidriera era.

Tuyos mis ojos
mis manos y tus manos
formaron pares.

Eran poesía
tu alma y la mía
tan parecidas.

De las quimeras
de una y mil formas
nos sostuvimos.

Imaginando
que había futuro
lejos del llanto.

Generalmente
no hubo una regla
que se cumpliera.

Ordenancistas
las estrellas guardianas
enmudecieron.

Yasmín Navarrete
Chile

SOL

Seducción de luz
nefastos los recuerdos
hiel que oxida.

Oriundos pasos
pretendo el silencio
nada vacila.

Luz encandila
que recuerda mi muerte
alma vacía.

María Verónica Moreno
Chile

AÑO DOS MIL…VEINTE

Amedrentados
fuimos el año dos mil.
Falsos rumores.

Ñuble en Chile
unido a Nueva York:
¡qué expectación!

Ogros marinos
colapsan la CNN
y la BBC.

Diablos, díscolos
deidades y místicos
atolondrados.

Obvio. Las misas
profecías y horóscopos
exacerbados.

Sucumben templos.
Cierran servidores
computadores.

Mamá no duerme.
Hilos plata en su sien
¿llegará Jesús?

Inventos sabios
en la ciencia, videntes
insignes, magos.

Licenciados y
periodistas frustrados
maquilladores.

Vice decanos
¡hasta Paco Rabanne
desplomó París!

Emancipados
políticos, civiles
y gobernantes.

Inteligencias
artificiales todas
inoperantes.

No vigilaron
la lógica del PODER:
el fin del mundo.

Tétrico, triste
el fin es ahora. *NOW*
EL DOS MIL VEINTE.

En fosa vulgar
enterrados los muertos
del neo feudal.

Ángel González Centeno
Puerto Rico

NERVIOS

¡No a las guerras!
La humanidad pierde
vidas en ciernes.

Eluden morir
o resultan heridos
los pobres niños.

Ristras de balas
viles, lluvia de bombas
aran la tierra.

Vertiendo mala
no la semilla buena
que brota vida.

Inocua niñez
tras la barbarie loca
entre Poderes.

Oh, avaricia
tirano aniquilas
de la paz fruto.

Si resultara
no los mata la guerra
si qué, los nervios.

Cecilia Ríos Macías
México

MI AMOR

Mi felicidad
espíritu unido
alma gemela.

Increíble ser
me alegras con tu luz
efecto vivo.

Arte de amar
motivo para vivir
dulce compañía.

Me otorgas paz
mi mayor motivación
profundo querer.

Oré a Dios
fuiste mi deseo
hoy eres real.

Razón de sentir
respeto y libertad
amor eterno.

Edwin Torres Aponte
Puerto Rico

PANDEMIA

Puertas cerradas.
En acuartelamiento
pasan los días.

Amenazante
corre el calendario…
¡Vida o muerte!

Nupcias pospuestas
banquetes cancelados.
Solo esperar.

Deseamos ver
el final de este mal.
¿Podremos llegar?

Emerger libres
otra vez, sin temores.
Profético es.

¡Misericordia!
Los pueblos han llorado
lágrimas de hiel

Incertidumbre…
¿Cuánto tiempo esperar?
¡Es democracia!

Abren las puertas
llega la normalidad.
Uno en uno…

Carmen Donoso Riffo
Chile

VEN

Ven hacia mí hoy
cuéntame qué pasa ya
fija tus ojos.

Entra en mi ser
remueve la emoción
y márchate hoy.

Nada cambiará
conmovida quedaré
sin mirar atrás.

Jaime Agustín Ramírez Ibarra
México

EXCELSO

Estirpe negra
trashumante insignia
guía místico.

Xolot linaje
metáfora nocturna
yesca de taba.

Cuidar el alma
negro taumatúrgico
vagas eterno.

Eterno numen
matiz de alegoría
sapiente mito.

Landó cofrade
cabotaje adalid
lancero nato.

Sublime beldad
andarín noctívago
folclor innato.

Oscuro surges
torrente de matices
augurio de ti.

Carmen Meléndez Torres
Puerto Rico

TE AMO

Te siento mío
en cada puesta de sol
obsesión dulce.

Es mi abrigo
la piel que te habita
ardo en llamas.

Alas de sueños
crecen en mi espalda
busco abrazos.

Muero muy lento
entregamos el alma
fuego, pasión.

Óleos blancos
sublimes cual destellos
iluminados.

Rafael Martínez Contreras
México

SOLEDAD

Soledad, dime
por favor, platícame
por qué te temen.

Oye, dime tú
te buscan o los buscas
puedes ser letal.

Lastre de muchos
pero también amiga
amiga mía.

Estoy a punto
de decirte adiós y
algo sucede.

Doy media vuelta
estás postrada ahí
en mi espejo.

Antes de irme
no me puedo ir así
somos yo mismo.

Déjame libre
quiero intentar vivir
por un momento.

Geyler Hartley Aranda
Perú

DULCE BONDAD

De mil colores
matizo tu sonrisa
en los rincones.

Un viejo cuadro
circula lentamente
entre la niebla.

La desprendida
calidez de tus ojos
de primavera.

Como queriendo
pasar por el abismo
busco tu rostro.

Estabas antes
resistiendo sollozos
sobre mi cielo.

Bajo tu Cristo
indefensos partían
diablos y buitres.

Oigo cerrarse
con tus piadosas fuerzas
algún desaire.

Nunca pudieron
quebrantar la dulzura
en tus silencios.

Dios lo sabía:
Tu corazón rocío
era grandeza.

A ti te debo
la calma de la noche
el fiel cariño.

Dulce ternura
Mamá tan puramente
bondad completa.

Guadalupe Hernández Benavides
México

PETRICOR

Percibo su olor
cuando llega la lluvia
en pleno estío.

Efluvio intenso
que desprende la arcilla
recién regada.

Tras la sequía
el paisaje se baña
de fuerte aroma.

Regresa el tiempo
recuerdos perfumados
en cada gota.

Icor divino
esencia de los dioses
dulce rocío.

Cae del cielo
el regalo de Zeus
lo baña todo.

Olor a lluvia
petricor añorado
suave ambrosía.

Ríen los campos
huele a tierra mojada
gozo en mi alma.

María Robenolt Lenke
Estados Unidos

AMOR

Acaríciame
mientras duermo y verás
que seré por ti.

Mantendré vivo
el sentido recuerdo
escribiéndote.

Olvidar sentir
que sea tu pecado
eterno calor.

Rosa eterna
en mi jardín serás flor
eterno amor.

Ellos dijeron lo que querían decir.

www.ingramcontent.com/pod-product-compliance
Lightning Source LLC
Chambersburg PA
CBHW051823090426
42736CB00011B/1618